# SHIKBAH

## Poesie alla fine dei tempi

Francesca Scarrica

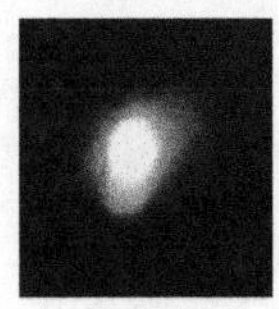

*A quei piccoli sogni inutili che rincorriamo
pur senza aver le ali*

# CONTENTS

# SHIKBAH

*Poesie alla fine dei tempi*

# A MIO PADRE

Instancabili verremo sempre a cercarti,
noi che ti amiamo nel tempo dell'eterno,
nel mistero dei sogni
dove i tuoi occhi ci guidano
rubando la luce delle stelle,
col profumo dei fiori che hai amato
ed il respiro del tuo mare
che ancora culla la tua anima
nell'Infinito che, amorevole, ti accoglie.

# PER GIADA

Faccio buio e silenzio intorno a me.
Sono l'albero denudato,
morto di fiori mai nati,
ho radice nella gelida
clemenza della terra.
Ti ho appena sentita salire dai sogni,
e leggera col tuo piccolo nero futuro
da un silenzio ad un altro più muto,
da un buio ad un altro più oscuro
sei passata senza un volto,
senza una sola lacrima che ti certificasse viva.
Hai camminato a lungo dentro di me,
e a lungo mi hai percorsa
attraversando quella strada mai esplorata
che dalla mia anima va alle sepolture
aperte nel fondo del mio cuore.
Ma io mi chiedo di quale morte sei mai morta
tu che non hai respirato vita,
di quale buio hai mai riempito i tuoi occhi
tu che mai hai sognato la luce,
e mi domando quale strana pace culli adesso la tua anima
se mai avevi conosciuto dolore.
Che mi si usi la clemenza della lentezza,
quella che nel grigio allenta le memorie,
che io abbia il tempo di riporti piano

cantandoti l'eterna nenia del tempo che passa.

# AVVENTO

Emerge il corpo dalla frontiera che trascorre
nudo trasognato tremulo
forgiato nella vena planetaria
scarto di luce e pensiero rampicante
con la radice smarrita oltre l'ultima stella.
Lustro abbagliante dell'attimo
fuga stordita da un'insana notte
illuminato dallo stesso senso della fine
che cambia nome, tempo e segno oltre frontiera
respira con i fiumi verso il mare
risveglia le parole delle pietre
disegna occhi e voci per gli oceani
rivela le trasmutazioni delle piogge
tutto nell'attimo affondato nella terra
nell'attimo fra gli alberi
e l'incostante magma che tiene vive le costellazioni.
irrompe col respiro e un canto mesto
un battesimo di passione
un sacramento di dolore
chino sui miei occhi
come la strada che ancora mi manca
come un omega perfetto sulla cima del cerchio
d'improvviso si vela nell'opacità del nulla.

# IN CARNE SPOGLIA

Offerta in carne spoglia al tuo domani,
scrigno di luce chiusa in una secca pietra,
io mi risveglio pianta in mutazione
con la lentezza di una scarna primavera
percossa a lungo da venti predatori
che da pollini e semi mi denudano
e tristi di giorni persi vagano.
Creatura pianta, animale o pietra,
aspiro al cambiamento che mi compia
cerchio perfetto in statica armonia,
le primavere dei germogli plasmano l'essenza,
danno materia ai fiumi della vita,
fanno diamante levigato i miei pensieri
e danno l'odore rosse della pienezza
al mio sangue trasformato dalla chimica del tempo
in quieta linfa d'energia addomesticata.
Ma accanto a me, fulgido e vitale,
il salice del dubbio mi fa sempre ombra
con i suoi rami nuovi ad ogni primavera,
ad ogni primavera sempre più vivi.

# IL VECCHIO AMORE AL TAVOLO DI UN BAR

Congiunzione di un vecchio amore opaco,
mummia parlante una criptica lingua
di gesti e parole senza codice noto,
al tavolo sferzato da una larva d'oblio
che come l'acqua rende pesanti i corpi,
pesci attoniti in una scatola di vetro,
copre la faglia evolutiva dei sorrisi,
ricolma la misura d'ansia del viaggiatore.
Gravitazione verticale e senza reti
sul fondo dei magnifici ricordi
senza più brividi ne voli,
scomposti nel riflesso lento e senzacuore
di una memoria sterilizzatrice.
S'intrecciano parole senza echi
in una volta nuda e vuota di stelle,
e l'armonia fatale di un disseccato silenzio
la meccanica di questo amore d'ombre,
amore nell'indolore morte
con l'anestetico del divenire.
Ora il mare e una semplice diga di acque

che divide terra da terra e sogno da sogno,
e le rose sono solo dei fiori casuali
che il vento disperde in frigida polvere,
i gabbiani disturbano il sonno
e le rondini annunciano tempi più lunghi
per l'estate che è un flash di calore,
stanchezza liquefatta in acido sudore.
Gli occhi sono distolti dal cibo divino dell'offerta
e il vecchio brivido eterno è gia finito,
piccola storia non più scritta nella mano,
non più segno di un destino d'albe,
la vita si offre nuda e senza radici
affondata nei pallidi giri del tempo.

# ALL 'INFANZIA A STABIA SENZA NOTTI

Sterminato rumore di un piccolo treno dimesso,
rumore e rumore che scassina i fiori pomeridiani,
i gigli cerati dei miei cinque anni sospesi
in un tempo di lente volute di fumo e di giorni,
rumore e colore violazzurro di un eterno luglio,
colore e colore che rimescola il cielo e le nubi,
le erbe violente ed il timido passo di un cane pauroso,
il mare piccolo dei pesci e il passo marziale delle navi
stipate di saluti e di baci postumi con sussurri,
lungo la strada c'é un'acqua senza fondo
con impronte marcate di rose rosse senza odore
e gli occhi dissipati d'instancabili ragazze
con cuori disciolti nelle ombre d'inspiegabili fremiti.
Cade dai tetti, preservati dal morso di un giorno
che pesa luminoso come un picco sormontato da un puma,
la squama arcobalenica, lente caleidoscopica insaziata.
puntata a fuoco sul mondo, pianeta vergine di un sole nuovo
come una stella prima, percorso dalla fame delle ortiche,
dall'istinto delle stirpi che vivono ricreandosi

e galleggiando nello strascico di una incosciente deriva,
il mio pensiero è un rampicante stupefatto
alla riva di schiume di mare filate dal transito
dell'energia che mescola i miei sogni
con il volo dei gabbiani nella prigione dei venti.
l.'orizzohte immutabile è tale in se stesso
per l'effetto di una luce irripetibile
che dilata il cerchio ottico fino alla dissoluzione.
Io a volte sono ancora là, sono là come un vivo ricordo,
come il sasso marcato dal sonno dei vecchi,
come la strada levigata dal passo di cavalli ombrosi,
tornante sinuoso in doppia direzione, che va o che viene,
mi sospinge o mi avvicina, chi può saperlo.
Figlia di un popolo senza stelle fisse,
disperso in un cielo inabissato e senza dimensioni,
le mie strade entrano ed escono dalla tua anima:
non dai un cenno, un richiamo, un gesto pietoso,
muta contempli i tuoi regni disfatti,
il tuo volto è mutato di pena ai miei occhi,
ora piangi più nascosta, fra le cime oltrepassate degli anni.

# SIA LODE AL MIO PIANTO

Sia lode al mio pianto,
nera linfa sigillo di dolore,
umidità amazzonica su gravida verzura,
spazio d'inestricabile apertura
che tra i mari s'inarca concava culla
allo scorrere dolce del suo fiume totale,
pace ipogea e ascetica armonia
dei misteriosi fluidi che nell'anima
si agitano con monocorde stile
trasudando a pelle il dolore e il compimento.
Sia lode a te, fratello delle notti,
freno all'urgenza del precipizio,
mistico fiore tombale e suo concime,
ti lodo per il tuo cuore d'acqua,
per l'acqua amniotica che mi divide in due,
per il tuo artico deserto semprevivo
nelle glaciali prove della morte
fallite nella tua pura eco di fontana.
Sia lode alle tue ali ed ai tuoi treni,
al tuo umore di gemma e al tuo femminile tremore,
ai tuoi instabili piedi elettrici
che mi conducono in un caldo tunnel
di pace semprenuova nella tormenta sempreguale,

pianto sostanza e fame, inattaccabile sete,
ti sono figlia e amante,
sui tuo potente grido s'inalbera la mia poesia.

# AH DEUS!

Ti è amica l'ombra che scolora
nella notte,
l'ineffabile attrazione che ci muove
in articulo mortis,
quell'incomunicabile implosione
dentro noi stessi ancora vivi,
l'inerzia che ci tiene avvinti
nelle tensioni delle forze gravitazionali.
Ti è amico l'oceanico silenzio
e la profondità inaudita
dove ci chiami a compimento o a fine,
noi, orbite in cui trasduci vita passioni e morte,
energie con cui accendi eternamente stelle,
segni sbiaditi confini e ti consacri un senso
nell'umano.
Ti è amica la pura luce antartica
che s'apre oltre la banchina
come una giovane carne al sogno,
la lentezza la paura e il canto,
t'e amico il folle giro delle primavere,
il filo d'erba testardo
che ordisce trame fra le lapidi,
la parola senza suono
di cui gonfi il mio cuore,
ah! Deus, l'acqua che bramo e mi nascondi,

l'odore frastornato di Te
disfatto fra i venti,
la mia pelle, sudario impenetrabile
e definizione prima del Calvario,
t'e amico il sogno cieco che mi ha dato
voce e cuore,
che fa che senza tregua io Ti parli
senza sapere
se Tu, da qualche parte, sei in ascolto.

# INCANTAGIONE

Discende, sul respiro esalato dell'ovest,
la ragnatela di una sera con ombre capovolte
e con mestizie d'acque accidentali
che discorrono, ignorate, negli angoli dei marciapiedi
discende un'ora lenta che dilegua i venti della luna
ed i cavalli austeri negli abissi delle costellazioni
come veloce schiuma sotto l'algido morso dello scoglio,
discende il dolore della tua impronta ancora tiepida
e del tuo sale che ancora fruscia fra le nostre parole
in questo luogo dove vivesti la tua perpetua incantagione
materializzato come une giovane e lucida foglia
in una stagione di fresche sostanze e di nuovi cristalli
nel ventre della tua rosa angolare e delle carezze,
nel fulmine del sangue di donne delle mistiche carni,
nel grido dei giorni che ti hanno abitato e disfatto,
nel seme dell'albero delle tue mani in pegno all'eterno
dentro il tuo stesso sguardo di stella trafitta
disperso nel folle turbine, vanaglorioso orgoglio del lutto.
Discendono silenzi di fiumi spopolati e di luci incompiute
nel luogo dove vivesti le tue incantagione,
dove passasti con le azzurre vele del canto giovanile,
con la forma spalancata della tua fronte,
con i sorrisi nascosti nel taglio delle notti,
con le mani piene del dolore senza il suono,
là, dove passasti con la forza della gracilaria

quando sostiene il peso del maestrale.

# A TE, MUTA BELLEZZA DELLA MIA SOLITUDINE

Una sera lunga e d'ondulate ombre
ti fa labile confine ai sogni
che clandestini ti abitano
con sostanze di tristezze,
muta bellezza della mia solitudine.
Ti popolano cime d'alberi con frutta,
monolitiche vedove con pianti,
bambini che non sono nati
in una culla di bizzarro vento,
cani sperduti in una pampa senza luna,
ragazze, inquiete vagabonde nella propria anima,
come uguali foglie di passaggio
sul dolce fiume dello stordimento,
case aperte come maturi tulipani solari
e vecchi trasognati nella lava calda
del sedimento di un indomabile destino,
uomini soli rubati un attimo alla vita,
amati e poi riconsegnati al suo velo inevitabile,
i cui visi deserti e senza suono sono acqua opaca
disciolta a precipizio in un amaro sale,

croce in memoria tra i sospiri
di una sterile pace d'assenza.
Ti popolano strade tristi percorse senza fine,
polverose d'orme e senza stelle me venti,
notturni calvari a volo radente
contesi al deserto che placido mi guarda,
strade rivolte alla radice del mio cuore,
all' inquietudine del punto mai raggiunto,
al cipresso definitivo che immobile
si staglia mesto sulla collina del miraggio.
Ti popola tutta la mia anima,
muta bellezza della mia solitudine,
in cerchio stringendoti e plasmandoti,
tenendoti alla vita e agli occhi,
creandoti col suo respiro placido
in sincrono col ritmo dal tempo,
e con la sua stessa linfa dispersa fra i rovi
emergi bianca, con monocorde battito,
come una luna consueta a spalancata
sulla cima agitata del respiro di un mare notturno

# LA TUA TRISTEZZA, ALLA FONDA DELLE NOTTI,

**HA UN GRANDE SOGNO PER DISSERRARE IL CIELO**

(A Mario Specchio)

Disperso al largo d'insondabili ombre,
il tuo cuore è oltre il muro necessario
del dolore,
l'indefinito limite che talvolta tracimando ti
riprende,
ed è come un alato sogno distaccatosi
da un ramo provvisorio,
è lontano, oltre l'incauto valico delle notti
e dell'inquieto canto,
dove ha già visto significarsi in cerchio
il suo universo
con parole e logos che non hanno morte
e che non sono nate,
è più in alto dell'estremo bilico concesso,
dell'ultima domanda senza voce,
è in volo per il sue sangue e le sue impietose
strategie,
per la sua alchemica malinconia,

tenuto vivo per l'affronto che diviene carne,
eternamente, come il nascere e il morire
in una stessa mano.

# PRESA D'ATTO

Ho vissuto silenziosa nei tuoi occhi,
sterile, spaurita, interminata
come il fiore di un giovane ciliegio addolorato,
li ho abitati con la paura di un nido abbandonato,
vestita d'un velo luttato in una casa solitaria,
li ho segnati col mio passo d'ombra estiva,
con la mia corolla affranta di creatura,
nell'assoluto volgere del tempo li ho popolati
come l'acqua inutile rovesciata in cima ad uno scoglio,
il flebile rifrangersi dei colori di un ricordo innocuo
nel fumo vacuo di un tempo che trasmuta essenze,
io, calda, pacata lacrima fra le corde monotone
di una notte totale dispiegata lungo il battito terrestre
e avviluppata ad avvilite rose dal pallido sospiro,
notte di naufraghe costellazioni senza ponti
la cui prua trema verso l'orizzonte dell'eterno giorno.
Ho pulsato come pavida goccia luminosa nelle tue vene,
col mio cuore di terra rinchiuso nel tuo stesso cuore,
ho sfiorato la tua carne come un docile vento domestico
che passa soave fra le luci fosforiche delle stanze,
chiamando il tuo nome con una voce senza vibrazioni,
alito roco che solo strugge la schiuma marina.
Per la forza delle tue mani ho tentato il cielo,
espiato anni di spine, di violenti sogni e di sirene,
e sono spirata incosciente come un'ape ubriaca

a volo radente fra le tue dita senza nome.
Ho mescolato il mio povero sangue alla tua sostanza virile
attraversandoti senza toccarti mai
come fa l'uccello marino quando scavalca l'oceano.

# PERSISTENZA

(Alla prima madre)

Non so attraverso quale cieca apertura,
da quale ponte notturno e immateriale
gettato fra la morte ed il tempo,
nè da quale petalo cresciuto solo e forte
fra le diurne luci che s'intrecciano lente
nell'alito carnale dell'estate,
tu ancora mi parli.
Non so spiegarmi la tua voce tenacemente viva,
il suo chimico potere di legarsi eternamente,
come un metallo libero, alla mia anima in ascolto,
il suo guizzo verticale e luminoso,
onda sonora d'energia nel soffio d'aria smossa
proprio in quell'attimo impenetrabile
fra la vita e il sonno, e nulla so
del battito veloce della tua figura nel sole gravido
al ritmo del sangue tempestoso della vita,
della tua immagine che s'infrange in una notte inevitabile
con una rabbia materiale, di carne e di dolore.
Forse mi giungi dalla lunga strada dei secoli,
a volo sull'eco lontana delle radici che mi saziano,
forse, coi tuoi piccoli piedi e le tue mani appassite,
vieni silenziosa dal cammino delle mie vene,
col fruscio senza peso dell'ovatta dei tuoi capelli
risali dal groviglio dei miei geni occultati,

o forse, con la persistenza ostinata delle tue parole,
rivoli che disperdevi un tempo fra la terra del mio cuore,
sei ancora viva, testardamente viva,
dissetata dalla mia linfa, sfamata dal mio pianto,
avvinto fino all'origine delle mie cellule,
quelle di cui tu sei stata la prima madre.

# TEMPESTE

Vento e spleen straziati fra gli scogli,
calda luce dell'alito di piombo,
percossa da piogge disfatte in celeri atomi
la città è una goccia disancorata
dall'oceano terra senza porti,
ammainate le smanie negli occhi
e sul deserto travaglio del mare.
Il giorno e nudo dell'offerta universale,
figlio discorde dei palpiti celesti
abbandonato fuori dallo spazio-tempo,
portato per mano da angeli spenti
come alla pira di uno sdegnato ripudio.
Riappare esangue, disfatto sorriso,
dal volo radente nelle notte malabolgia.
Con ciechi gabbiani, pesci paurosi,
scie di sirene vecchie senza voce,
cortei di isole che sospendono fra i rami
l'eterno silenzio del mare oltre l'anima,
irrompe questo giorno nelle stanze
spiumando uccelli alla falce del sale
sconvolgendo la finta quiete degli astri.
Qui, dentro, la guerra si combatte a mani nude,

si coprono le tempeste col rumore del trascorrere,
con la forza inespugnabile e istintiva

che sospinge il sangue fra le idee,
che dà energia al circolo infinito
delle vite e delle morti nelle corda del finito.
Solo piccola macchia d'ombra ci appare il nulla.
Donne portano pensieri senza peso
sotto corone funebri della tempesta,
stringono figli al seno quando il tuono
incrina il cielo in un grido elettrico.
Si sente dietro l'urlo del mondo
l'idra sconvolta destriero delle vita,
e si riflettono le sue facce nel torpore domenicale.

# INTRO

Dalla nebbia notturna che dall'uva acerba
genera il suo respiro incontenibile,
dal dente del sale nelle ossa,
dal grido di un giorno che dilata il buio
tessendolo a forza fra le cime luminose degli aranci
e nella piega immobile del tuo silenzio
si leva un volo in lenta progressione,
un canto di sirena cupa e afflitta,
una calma pulsazione che accelera nel sangue
rimescolando i luoghi coi ricordi.
Dalla carezza di un mare che non muta
e dalle palpebre insonni della mia terra
che, come una nuova fioritura,
disperde il suo spirito nei giorni,
si leva un richiamo triste d'agrumeti senza voce
che mi trascina inerte nel suo lungo mare.
E' allora che mi avvedo che nel tempo c'e un dolore,
un meccanismo di andate e di ritorni,
un filo di tormento che ci tiene vivi,
una molecola di pathos immortale
che nella carne scorre legata a un brivido.
E' allora che il mio viaggio si fa vita,
quando il tempo scava le sue strade nella mia pelle.

# AL PICCOLO
# TRASCORSO SOGNO

Vecchio, potessi raccoglierti dagli angoli inermi,
là dove il tempo inciampa fra le tue umide ossa
con un monotono fischio di vecchio treno invernale,
potessi svelarti in quel buio al mattino,
in quella fine all'inizio d'ogni canto,
potessi ritrovarti con la tua rabbia intatta,
acquattato come un giovane leone tra il fogliame,
in quelle deserte pause fra le parole
pronto ad invadermi col fiume del tuo fuoco
come uno schiaffo cieco in pieno viso,
là, nel giro della corda ottusa che ti soffoca i giorni.
Ah, vecchio, potessi raccoglierti dal pozzo notturno
in cui precipita il tuo sguardo sorridendomi,
sospingere i tuoi passi oltre te stesso,
curarti il sorriso, ordinarti i ricordi
in catene di tristezze floreali,
potessi strapparti al destino dell'oblio,
quello che stretto ti tiene per la paura
rigirandoti nel cuore delle notti,
potessi fugare la solitudine dalle tue carezze,
il freddo che accorcia il tuo passo,
la fame che allunga il tuo tempo
come il cadere della goccia sulla mano.

# QUANDO M'INVADE LA NOTTE

Quando m'invade la notte ed il suo lungo grido
abbatte gli argini del mondo
percorrendomi dal fondo all'anima
col suo calore elettrico e la sua mano autunnale,
conosco il senso vero della resa,
il brivido dell'abbandono sul limite del suo respiro
che s'apre come un cielo nero risalendo dagli orizzonti,
mi acquieto rendendo i silenzi e rendendo le parole,
rendendo la mia esistenza al suo ciclico morire
e dissanguando le lacrime del mondo in un'acqua sottile
che risale lungo la mia fibra disciogliendo la rabbia,
placando la mia voce che come un'ala senza cielo s'agita.
Quando la notte si dischiude fra i miei tendini
e nelle vene porta l'oppio dell'oblio,
quando le sue ciglia fluttuano nel fragile filo dell'erba
e sotto gli archi solitari dove i clamori non hanno eco,
allora si disfa il velo grigio sopra i giorni,
la collera genera semi nel futuro
e le tue mani, confuse con la terra ed il suo pianto,
ricreano tele sui luminosi abissi fra le stelle
come oscuri sudari dove l'anima s'involge.

# SOTTOPELLE

Sottopelle ho cose che ti assomigliano,
che hanno il tuo stesso dolore
e portano il tuo stesso lutto,
ho il respiro della tue fatica,
la perla sanguigna del tuo sudore
la stessa artica stretta sul cuore,
il sospiro che incupisce la luce
come un arco fra le notti,
ho la tua stessa paura crocifissa
a quell'incompiuto che chiamano amore.
Sottopelle ho cose che scorrono
assopite nel fluido passo degli anni, .
le elettriche sostanze che muovi
col turbinio della tua presenza
curve del carico di quei giorni.
la cui eco s'infrange sui vetri domenicali
con un riflesso di voci incomprensibili,
di carezze disciolte nella paura
e timide, temute vicinanze di sguardi.
Sottopelle ho la materia e il tempo
che formano la terra da cui nasci,
il mondo che mi attende al varco della sera
ed il grido che ho per ricoprirlo
simile ed un oceano nella sua pozza.

# MISS ROSE

Biancopallido si scolorisce il gesto,
il fragile frammento della tua essenza
risuona appena di flebili segnali
in un'opaca impenetrabile apparenza
simile a quella dell'ombra inutile
che breve ruota fra gli ulivi
sotto il galoppo forsennato delle galassie,
e si confonde la nebbia del tuo volto
con gli anni che allora portavi stretti in pugno,
Miss Rose, come fossero esauste strelitzie
in volo verso un perpetuo autunno.
Nel mie ricordo ti baratto
il sorriso con il pianto, Miss Rose,
e non so perché ti tengo immersa nel silenzio,
reclusa sotto il tormento di un'ala inutile,
a volte morta sotto il dolore della coscienza
e spaccata in due dalle tue strade oscure,
come non so perché ti spengo gli occhi in un'eclissi
ed ho negato, ormai, la solitudine della tua resa.
Ma nel vento che si leva dietro la curva terrestre
si è dispersa la tua fragile forza, Miss Rose,
(quella stessa che allora gonfiava nell'urlo
col fiato grosso della tua anima sfregiata)
ed ha smosse rami, sconvolto acque, invogliato stormi,
ha fatto crescere la notte nei giardini.

# CANTO LIEVE
# DEL MARTIRE

Io sono il martire e tu il seviziatore,
é una parte che dobbiamo fare,
per me offrire pelle ed anima è un dovere
come per te è un dovere eleggerti nel sangue.
Legati insieme ad uno stesso passo
lungo le Storie che si ripetono siamo cambiati
io sempre padrone degli abissi dell'aldilà
da dove emergo, sogno inutile, nei monumenti,
tu sempre padrone dell'Idea Sublime nell'aldiqua,
quella che tieni chiusa in gabbia come una tigre
e che irrompe a volte come l'oceano da una diga
per devastare i colori negli occhi dei bambini,
domare il volo libero entro i tuoi limiti,
sopraffare l'energia, che sola governa
i flussi delle vite e delle morti,
nella pozza di un grido che diventa cielo.
Io sono il martire e tu il seviziatore
ma tu vorresti che io cospirassi col tuo cuore,
che condividessi il tuo stesso desiderio,
che io diventassi la mia stessa morte
annullando il mio battito esplosivo
nel placido silenzio della tua coscienza,
ma è una parte che dobbiamo fare

è così che siamo nati un tempo ormai dimenticato,
io martire e tu seviziatore,
ed io non posso raggiungerti o sfiorarti l'anima,
e tu non puoi confondere
il tuo dolore con il mio pianto
perché io sono il martire e tu il seviziatore.

# VENGO A CERCARE REQUIE NEI TUOI OCCHI

Un'aurora di conchiglie
scheggia luci di porpora nel vento
e gonfia nel volo di un giorno
per dilatare il cielo che vedo,
inviolabile, dentro i tuoi occhi.
Sotto di noi le terre si allontanano,
si espande il vuoto fra lo spazio,
e un tempo ignaro corre furioso
nell'orbita dei placidi cortili
all'ombra di edere e di rosse bouganville,
intorno a noi scorrono grigi silenzi,
quelli incoercibili che generano urla e parole,
e il ciclo delle notti, a scia dietro le Rotazioni,
fluisce lenta, pesante come una luce inerte,
la ferrea legge dell'Alternanza
che sovrana govema l'istinto dei branchi
e sovrana confonde il mio pensiero trascendente
con l'algebrico battito a perdere delle cellule.
Ma qui, davanti ai tuoi occhi, sono padrona io,
sono io che muovo il confine aperto della materia

e che brucio fuochi dentro i nuclei spenti,
e qui, in questo punto cruciale d'abisso
dove il destino é la faccia del tempo,
la polvere che sarò accende nuove stelle
ed il mio abbraccio è il senso della vita
che fa rotta all'Universo in fuga versodove.
Qui, proprio davanti ai tuoi occhi,
l'eterno si fa attimo e non ha senso il divenire.

# CARPE DIEM

Quest'allegria compagna di tristezza
tessila con l'ombra che colora il vino
e che governa il demone di questa notte,
sospiro e pelle, confinata tra le voci
che di lontano, di tragico e d'altrove
ci saturano un'ansia sempreverde.
Tessila, quest'avida allegria sospesa
sull'arco disabitato della distanza che ci lega,
con l'ombra, con la catena che cresce in quei silenzi
che oltreverso mi possiederanno
ed ora danno il suono a ciò che non diciamo.

# BAGNA I TUOI OCCHI

Bagna i tuoi occhi l'orlo di una luce cupa
e i miei quello della linea disfatta
di una distanza senza rotte
laddove solo tastando il vuoto
ho sentito aprirti e chiuderti
ed era nello stesso attimo
la stessa azione,
contemporaneità degli effetti
sul mio stentato andamento,
e poi annullarti nel giro delle spine
proprio nel claustrale istante
in cui trapassasti la mia carne
partorendomi.
Da sempre il tuo respiro è il mio stesso tempo
(con esso vanno ritmi e maree)
e le correnti veloci vuote di pesci,
l'estremo scolorire del buio finché è tale,
la luce persistente sulla retina
dietro le palpebre chiuse,
per nausea, sul caos dei flussi
da sempre abiti l'istante in cui è l'esistenza
e il tutto
abiti me che pulso un nanosecondo
nella scia delle rotazioni indifferenti.
E, sola, l'ultima stella sarò io stessa.

# COSI' SONO PASSATA FRA OCCHI ED ANIME

**CLANDESTINA**

Come sono passata,
Dio,
è nella parola stessa che tu esisti
In punta, dentro l'Universo stazionario senza direzione,
tutto uguale alla corrente ed ai passaggi
eternamente in vita per morire sul punto
là sono stata un tempo di carni ed elettricità,
io stessa,
di nervi conduttori di dolore
e gioia certo, come no,
dietroilnerosconcerto,
ho fatto figli quindi oliato il meccanismo
mi hanno scelta sollevata consumata
costruendosi piaceri effimeri
dissolventi al tocco
col mio errare lungo una ferrovia
senza una strada un luogo,
una pena, davvero, la follia dei treni,
sulle mie forme col ricordo

hanno affinato il gusto
forgiato un sequel ordinato di desideri
prioritari, e poi faranno un albero con le mie ossa
e abbacinii per gli occhi disturbi alla pace
quand'è il crepuscolo cosa racconterebbero
e cosa potrebbero rimpiangere ,
con la mia lontananza i miei silenzi
qualcuno vive di lunghi sospiri ecco, sì,
si fa uno scavo nudo, disadorno,
forse costruisce soltanto un silenzio possibile
livellando i rumori in un grembo
con un vuoto man mano più sereno
dove si generano i sogni in cui entrare come morti,
sicuramente pensano alla mia pelle
stampata ovunque un dentrofuori immagine
come ad un seme clandestino e alla rovescia.

# FLASH!

Il vento s'attorciglia
Nel respiro
Lungo il totem della tua indifferenza
E della tua bellezza di profilo come un'isola
Che è il vecchio cuore del toro
Ed ancora pulsa nella rena nera,
Con il filo tremulo
La gigante ombra
Ed il sonno mutocangiante
Nella bocca
Cerco cose nuove
Mai state negli occhi prima
E poi spazi spazi e ancora spazi
Dietro altri
Nelle rotte fredde tracciate a senso
Ed interrotte con la pace
Di te che sei vicino
Ad una luce
Così tanto che ti posso vedere
Oh si
In chiaraluce pienogiorno campolungo
Flashback!

Polarman ancora corre su lande desolate.

# FATICA

Ho faticato ad arrivare
in quella parte di silenzio che
nel suo profondo mi appartiene,
e ho stentato a quietarmi
in quell'eterno mareggiare
che sempre vado tentando, scalza,
fino alla soglia dei suoi turbinii.
Ero come scossa da un vento diagonale.
Nei nonluoghi dove tutti vivono
nell'infinito ripetersi dell'istante temporale,
là vengo a raccogliere la tua voce,
confusa ed amata,
nella polvere che diluvia sul tuo cuore
e flagella la tua bocca rotonda
cancellandone la terrestre identità
dei sorrisi dietro ai baci ed ai sospiri.
E vengo portata dalle leggi ferree delle rotazioni,
dagli effetti dei cicli delle tristezze
e dalle inevitabili alternanze del dolore,
vengo guardandoti dal fondo del tempo,
e non ho occhi,
ti guardo vendendomi agli inganni dei sogni

e tu sei quella bruna farfalla
che consegna gli oceani alle loro tempeste.

Dorme crudo della morte,
nudo del tempo,
quel sogno che ci tenne avvinti
un tempo ed ora
è l'insonnia dei miei respiri.
Vagando attendo.

# IN MEDIA STAT

Veloce nuda la luce
scolpisce i confini
lungo il taglio delle pietre e dei cieli
di questi luoghi
dove solo con gli occhi resto viva
succhiando quel che scorre
negli angoli, sopra le righe,
nei sottofondi disabitati
del tuo richiamo senza indicazioni
che in media stat
fra il vivere e il disperdersi.
Lo so: mi levo sbiadendomi
fra i tuoi pensieri
coi toni di un lamento,
una musica monocolore,
come il vento notturno
che disperde atomi del tuo tempo
legandoli senza prospettiva
ad una frigida secca emozione.
E si levano dintorno
I deliri del mondo,
le allucinazioni collettive dei bisogni,
salendo da oltre il giro del crepuscolo
con le luci innaturali e l'urlo della città,
appena oltre lo zenit della stanchezza

del mio sangue
e l'esilio delle mie parole.
Sono lo strazio
di una lacrima
senza l'ombra di un dolore.

# IN THE PAST IN THE TIME

In una distanza equamente anestetica
staremo come morti
in qualche tempo possibile
trasudando tracce interpretabili
così almeno potranno plasmarci
per la nostra nuova pelle
di argilla terapeutica.
Le ossa di un tempo in microparticelle
senzanessunanima
spirali senza onde
agganciati con una piccola materdolorosa
in qualcosa aperto nel fianco
di un tempo in cui saremo
piccole mutevoli
facce scomponibili
sfuggiremo alle interpretazioni
che altro potrebbe divertirci
noialtri che abitiamo qualcosa
passiamo soli senzapeso
con un colore per caso dipinto
assorbiamo le frequenze
del tempo multiconvesso
e ci moduliamo sul buio

molto presto.

# DEVOTION

La lacrima di devozione
ti scava il lungo solco secco
infetto
senza sangue
virato in acidonero
A un dio sussurra amore
e Amore
gonfiando nell'aria col sibilo pauroso
Ma quale stravolto amore che non mi coglie
covi come
un figlio amorfo o il tuo stesso tempo contrario
e tutto intero o
tutto lo spazio che passa nei varchi della tua pelle
invecchiandoti senza un dono
senza lasciarti pace
o il velo che potrebbe difenderti
Madresilenzio
Vivi distesa su una terra incostante
La bocca in croce
Non vi scorre un vento
Non ci cammino più
Sotto vi passa una corrente inutile
flebile allontana nelle diagonali di questo tempo
la scia nera della mia fame dalla tua.
La selezione è naturale.

L'indifferenza tua anche.

# GIARDINI

Liturgia della solitudine
fra le case a Giardini
mi avvicino alla pietra
caldofumosa
un'essenza, gigante bianca,
ci è proprio dentro
inabissata
condivide le cellule ed il silenzio
la polverosa cometa si congiunge
col suo cuore di Grande Nulla
ed il vento croccante che la spalanca
sobre un abisso muy profundo
l'urlo allora si allaga Nerometallo
fra i tempi soundtrack dei gemiti d'amore
immobili percorsi
a caso fra Costellazioni
Cose che non stanno nel Tempo Ovvio
Le vedo
Semplicemente inutilmente ordinate
Dietro al buio sustantia
Mescolato colorato all'acqua di Venice.

# CURVE

Mi accoglie l'ampiezza scura del silenzio
col suo cieco discendere in un'acqua senza pace
sul limitare segnato dalla tua pelle
ombrosa come una donna senza amore
o un cavallo senza vento nei garretti.
Qui avverto passaggi e mutazioni,
il disgregarsi delle formule e dei principi,
qui al limitare segnato dal tuo respiro,
chiuso nella legge dell'intangibilità dell'anima
o forse in quella dell'unicità dei corpi,
eppure io ti posseggo pensandoti,
sento che ti conosco mentre ti amo,
che sono io quel tuo silenzio oscuro
di cronache notturne senza svolgimento,
che sono viva e puoi vedermi
appena dietro la curva temporale
di quel che ci allontana senza tregua,
dietro quella paura che ti fa tacere.

# DAL SILENZIO

Mi parli dal silenzio
che invita i tuoi occhi alla notte
che scava il fondo del tuo tempo
riverberando le luci di cui vivono i sogni.
Ti cerco nei piccoli respiri
che pescano nei battiti del vuoto,
il luogo luminescente
che dà forma al tuo sorriso
e al mio pensiero immobile.
La materia flebile dei ricordi
imbriglia le parole che vennero
ad innalzare muri
lungo il fragile sentiero
perso nell'oscurità.
Ambisco a quell'acqua dolce
che trattiene la tua memoria
viva di carne e sangue.

# MIE PICCOLE DONNE

Quando, inseguendo il respiro delle lapidi,
porterai in alto il grido dei dispersi
cospargendo come sale i grani del silenzio
lungo la tela ingrigita della notte,
mi troverai con le mani disperse
e gli occhi morti del sonno cupo
che tiene chiuse le corolle
e l'erba quieta sotto i marciapiedi,
tacerà il flusso del sangue
che secco trasformerà le cime della terra
saranno lontani gli arcani delle costellazioni
e le mie piccole manie da provinciale
sebbene perduta nel fitto grumaio del mondo
ti sembreranno vezzi incomprensibili,
lontani i segni delle piccole e vecchie donne
che ancora mi porto negli occhi nella pelle
e in quel che vado dicendo
con queste parole di ombre notturne e colombe
che risalgono i dossi
di un tempo di narcisi di linfa e di vita
sorgente di carni dietro il mio tramonto.
Da quell'incrocio deserto
lungo i ponti di vento e di colori

delle sabbie e delle foglie
loro risorgono a volte
dalle parole che dico senza pensarci,
leggere nel loro diluvio d'assenza
coi capelli imbrigliati nell'arco della luna
e lo sguardo sotto il velo della spuma
che abita il battito delle spiagge.
Me ne starò chiusa nelle mie spalle
rivolta verso la luce che sorge sul confine,
avrò perso l'umano senso
che ansioso percorre sentieri
trapassa stelle e disfa certezze,
interroga il Nulla ed invano violenta il silenzio
che abita nell'anima delle rose,
dalle mie parole, allora,
conoscerai la mia unica faccia
e dai miei versi il corpo che non avrò più
per conoscerti ancora.

# PASSI

Col passo della parte oscura
col cadere della vita
che non guarda al mio trascorrere
lungo il giro delle tue carezze
come uno sguardo senza occhi,
tu sei la lunga onda
sui cui deserti fondali corrono
i treni di quelle piccole parole
perfette e carnose
che intrecciamo con la materia indifferente,
la pelle piena di sensori
inerte reagente col nulla,
sei la mia strada senza viaggio
con la stanchezza che mi sopravviverà.
Lo so che queste misere formule
furono inventate per reggere la traversata,
so che non mi spiegheranno
il senso del Sistema,
che non mi consoleranno
col pegno del tuo amore
e so che avranno la mia pelle
prima ancora della mia morte.

# L'ULTIMA CAREZZA PER ROBERTA

Non comprende più il tuo tempo il tempo infinito :
come in uno sguardo improvvisamente vecchio
s'è oscurato il largo orizzonte
del tuo stesso eterno giorno disabitato.
E senza suono il tuo seme s'è alzato col vento,
e col vento tutto il mondo che non hai cambiato,
i destini che non hai incrociato,
e tutte le notti che non t'hanno attraversata
per cambiarti i sogni ed il sorriso.
Vanno, con te, gli occhi che non hai generato,
le mani che non hai cresciuto,
il fiore della tua giovane carne senza memoria
dove nessun dolore potrà mutare
la vita in un insostenibile silenzio.

# SANGUE

Potessi,chiusa nel mio sangue,
cercarti e cercarti
sempre aspettandoti
sul declivio dei tempi
che, ignoti, cadono
dal nostro niente
col peso della polvere
e del disincanto,
al modo di come un'ombra
si piega lungo
l'argine del precipizio.
Potessi trovarmi viva,
con l'affanno della notte
che si afferra
all'attimo del giorno
sul limitare
di quello stesso abbandono
che ci atterrisce
nascendo dalle parole
che non abbiamo detto,
nello stesso silenzio
di un fiume senza terra.
L'acqua degli anni è trascorsa
ed è il suo fragile specchio
che mi rilette ai miei occhi.

# REBIRTH

Qui bruciano i fuochi lenti
dei sacri altari della memoria
e pulsa un vento marino
sotto la fragile pelle dei nostri nomi dispersi,
l'incognito silenzio si espande nell'essenza
dell'universo atemporale dei ricordi.
Splendono alti i soli che accendete
fra le costellazioni fuori rotta
quando tastate i fili ciechi dell'eterno
e la vostra sete, luminosa sfera,
ci guida nell'infinitamente,
afferrandoci sulle porte del buio.
Percorrendo il limite effimero
della dimenticanza
ci materializziamo
come giovani farfalle ai sogni.
Vi abbiamo lasciato le nostre stagioni
e il tempo delle incantagioni,
la fibra corruttibile dei nostri cieli
percorsi dai fulmini primaverili
e lo stesso sgomento di coloro
che possiedono il dono del sangue.
Nelle vostre voci vibrerà la nostra vita
come tra gli ignari giunchi
il galoppo della tempesta.

# SHIKBAH

Come mi conosci
(ubiqua e flottante)
come sai le cose che mi posseggono
e quelle che mi governano
senza posa.
Come sai.
Come farai- senza muoverti di un solo passo,
folle o stanco che sia, se
poi vorrai sapermi.
Chiedo in quale tempo sconsacrato
sei venuta nella terra sporca sotto i miei piedi
per vedere,
occhi nel nulla e con il dolore andato assolto
nel vento
dal cui respiro hai preso senza tentennare
(ti arrivavano parole e sussurri, pezzi e pezzi,
parti e frammenti,silenzi su silenzi, te ne ricordi ora?)
e nella cui assenza mi riconosci,
ma tu mi riconosci ancora, vento?
nelle parole che mi percorrono e non ascolto
nei cammini in cui fluisco ignorandoli
(quasi fossi un'acqua impermeabile)
e le cose scorse messe a tacere
e l'acqua volvente
dietro il taglio di un dimesso panorama,

vedo chi vorrei eppure taccio
che movimento facevano i tuoi passi
lungo andante con brio maestoso malinconico,
che?
quando hai abitato freddo e dimenticanza
quella specie di morte senza pianti
luogo di mura cibo disadorno e freddo
e quando poi hai calpestato sanguinando
(le tue urla non si sentivano da un passo)
ma dimmi se senti anche il morso
di questa mia fine
tra tutte le notti che finiscono
sulla soglia della tua bocca imperturbabile
là, mentre la vita ancora forsennata si distende
lungo il fulmine
del respiro
e quello fragile del silenzio. Tutta.
Vedi i tempi come stanno nel mio tempo,
le inutili perturbazioni
e le stagioni, queste si, andanti senza brio
dei posti che mi sconfinano
montando dietro una marea senza pace.
E poi dei vuoti illuminanti
che lascio sempre immersi nella scia ambigua
delle cose che ho fatto
tu che sai
( e in quelle da fare, certo, e che farò).
Come trovi gli spazi della solitudine
quando le palpebre della terra
ti rinserrano,
come combini le parole che ho detto
alla mia fuga e con quali ombre, che specie,
mi nutri.

La lenta strada dei miei esilii
sta scolpita lungo i muri esatti della tua casa
scavata dalle tue parole
senza consolazioni
e passa a volte dentro posti strani
dove la mia faccia è custodita nella polvere dei sassi
e le mie braccia si muovono con gli alberi del colle .

# INGANNI

Ti nascondi nei silenzi lungometrati
dei passi da te ad ovunque vai
c'è calore vibrazione e nulla
in fondo al posto dove dormi
fiori vi crescono inosservati
ed erbe silenziose nel grido placato
continua un mondo a generarsi
e stolide stelle ad echeggiare luci
Tu intanto pasci venti negli specchi
e piccoli fuochi d'artificio
ti fai bello coi vecchi trucchi
per ingannare fame sete e morte.
Ma la tua vita è tutta nell'istante
dove tutto è già stato e sarà.

# ALL'AMORE
# CH'E' MORTO

Accolgo nel vento le braccia
che dissipano la notte acuta delle stelle
ed i flebili declivi dove approdi
dall'incertezza dei sogni
scolpito dalle tue labbra di amarezza.
La tua assenza
è il vasto pensiero incolore,
la notte che si attorciglia
nel seme dell'incoscienza,
al luminìo che va sfocando
di te che sfuggi,
ombra fatta ombra
dall'inconsistente velo che ci divide.
La sete che mi dissecca
il pianto che mi trascina
il pensiero che m'inginocchia,
è tutto in te che fluisci
con le piccole cose perdute
agli incroci dei giorni,
con la notte dischiusa
sulle nascoste voragini,
luoghi del mio sonno senza luci
e della tua parola disfatta

insieme al vento fra gli aranceti,
come la tua pelle di onda
sotto le mie mani.
Ogni notte ti allontana senza sosta
oltre il suo rapido mutare.
Di un amore senza voce,
come un mare senza vento,
di questo solo io parlo.

# BOOKS BY THIS AUTHOR

## L'aldilà Esiste: Lo Dice La Scienza

Il libro raccoglie le ricerche nel campo della sopravvivenza dopo la morte effettuate da 88 scienziati e ricercatori e presenta i loro interessanti risultati che ci indirizzano verso la conoscenza della continuità dell'esistenza dello spirito

## I Rimedi Erboristici Segreti Dei Monasteri Italiani

Il libro raccoglie 427 ricette naturali per tanti problemi di salute e bellezza, 40 liquori medicinali da fare in casa, 32 rimedi, in appendice, per problemi comuni. Tutte le ricette provengono da manoscritti antichi conservati nei monasteri italiani, e ancora oggi dinmostrano la loro efficacia, la loro sicurezza ed economicità. Un libro che non deve mancare in casa.

# GRAZIE